Johannes Lenz

Von der Wirksamkeit des Auferstandenen

Vorträge
24

Johannes Lenz

Von der Wirksamkeit des Auferstandenen

Der Gang der Jünger nach Emmaus

Urachhaus

Gesamtherstellung Greiserdruck Rastatt
ISBN 3 87838 284 7

Verehrte, liebe Zuhörer!

Der Herausgeber der Wochenzeitschrift »Spiegel«, Rudolf Augstein, hat 1972 ein Buch veröffentlicht mit dem Titel »Jesus Menschensohn«. Er hat in diesem Buch versucht, in zwölf Kapiteln das Ergebnis des vorwiegend protestantischen theologischen Denkens der Gegenwart zu ziehen. Er überschreibt sein erstes Kapitel »Spuren eines historischen Jesus« und läßt die Summe seiner Darstellung im 12. Kapitel in die Frage einmünden: »Was wird ohne ihn?« Sie ersehen aus dieser Überschrift, daß der Autor im Blick auf das heutige theologische Denken zu dem Ergebnis kommt, wir müßten in der Gegenwart und in der Zukunft ohne Jesus Christus, ohne den Auferstandenen, ohne die Wirksamkeit des Erhöhten leben und auskommen.

In der Tat: weitgehend hat sich der größte Teil – auch der sogenannten christlichen – Menschheit mit der Vorstellung abgefunden, daß es eine wirkliche und wirksame Gegenwart Gottes nicht gebe. »Gott ist tot« ist kein Bekenntnis der Atheisten, es wird heute zur Aussage der Theologen.

Der religiöse Sinn ist abgestorben. Die sichtbare Welt allein ist wirklich. Auch diese schrumpft zur anorganischen Welt zusammen. Die Technik verwandelt sie in ein Maschinenwesen. Die Fragen und Probleme des natürlichen Lebens tauchen zwar bei Idealisten und Außenseitern auf. Da aber die heutige Naturwissenschaft weiterhin eines wirklichen Wissens vom Organischen entbehrt und nicht mehr eine Wissenschaft vom Natürlichen und Lebendigen ist, ist zu bezweifeln, ob die ungeheuren Probleme und Sorgen eine angemessene Lösung finden werden. Große Psychologen wie der Wiener Victor E. Frankl sprechen von einer noogenen Neurose, die nicht Komplexe und Konflikte im herkömmlichen Sinne aufzeigt, sondern Konflikte des Gewissens, des Zusammenpralls moralischer Werte mit der amoralischen Umwelt, der das ganze Leben durchziehenden Frustration.

Carl Gustav Jung findet in seiner Biographie erschütternde Worte dafür, daß er als Knabe in die Einsamkeit seines Inneren verbannt wird, weil langweiliger Konfirmandenunterricht des eigenen Vaters und Versagen der Kirche, die ihm »allmählich zur Qual« wurde, die Möglichkeit einer lebendigen Gotteserfahrung schmälern und letztlich nehmen.

Die Frage des letzten Kapitels in dem Buch »Jesus Menschensohn«: »Was wird ohne ihn?« ist eine Frage tiefster Sorge angesichts der Krise der Gegenwart.

Und doch wissen wir, daß schon der erste große Zeuge des Christentums, Paulus, der ja zu Lebzeiten dem historischen Jesus nicht begegnet ist – nur dessen Spuren –, erst durch das Erlebnis vor Damaskus auf übersinnliche Weise durch Christus zum Christen wird (Apostelgeschichte, 9. Kap.). Die Erfahrung des Auferstandenen gibt ihm die Kraft, in seinem ersten Brief an die Gemeinde in Korinth (im 15. Kap.) zu sagen:

> »Ist der Christus nicht auferstanden, so ist unsere Verkündigung vergeblich. Und so ist auch euer Glaube vergeblich.«

Denn Paulus wußte davon, daß jede christliche Verkündigung ihren Sinn und ihre Kraft durch den Auferstandenen selbst erfährt und daß auch der Glaube der Gläubigen seinen Inhalt und sein Ziel nur von der Tatsache der Auferstehung, nur von dem Auferstandenen selbst her gewinnt.

So wollen wir uns heute einem Teil des Evangeliums zuwenden, in dem beschrieben wird, *wie* der Auferstandene gewirkt hat; und vielleicht wird sich daraus ergeben, daß er so auch heute lebendig ist und zu wirken vermag.

Wenn Sie die vier Evangelien auf sich wirken lassen in ihrer Mündungszone, in ihrem Abschluß, dort, wo Matthäus,

Markus, Lukas und Johannes ihr Evangelium beenden, wird Ihnen bewußt, daß es das Ziel der Evangelien ist, den Tod am Kreuz auf der Schädelstätte, auf Golgatha, und darüber hinaus die Auferstehung Jesu Christi zu beschreiben. Sie fügen dann noch hinzu, was zwischen dem ersten Ostersonntag der Welt und dem Himmelfahrtsereignis geschehen ist. Man hat den Eindruck, die Evangelisten empfinden ihre Aufgabe als erfüllt, wenn sie die Verkündigung von der Auferstehung und von der Himmelfahrt ausgesprochen und niedergeschrieben haben. Der eine dieser Evangelisten, Lukas, schreibt ja dann noch ein zweites Buch. Wir nennen es im Deutschen die Apostelgeschichte, im Griechischen etwas genauer »praxeis apostolōn«, übertragen eigentlich »die Praxis der Apostel«. Ein Buch, in dem der Evangelist und Arzt schildert, wie nach der Himmelfahrt und dem Pfingstereignis durch die Praxis der Apostel hindurch, durch ihr Bewußtsein, ihr Herz, ihre Hände der Auferstandene unter den Menschen in der Zeit, in der Geschichte zu wirken beginnt.

In den letzten Kapiteln der vier Evangelien finden wir sieben Beschreibungen dessen, wie der Auferstandene nach seiner Auferstehung für Menschen erschienen ist, wie er seine Wirksamkeit unter den Menschen beginnt. So wie bei Regenwetter und einem Wiederaufleuchten der Sonne, die ihr Licht auf einen dunklen Wolkengrund strahlt, der siebenfach leuchtende Farbenbogen entsteht, so beginnt das Licht des Auferstandenen siebenfach, vielfarbig und vielgestaltig an dem dunklen Grund menschlicher Seelen aufzuleuchten. Das Licht des Auferstandenen strahlt auf, erhellt die Welt, indem er als Auferstandener zu wirken beginnt. Ich darf die Geschehnisse in Erinnerung rufen: Das erste ist, daß der Auferstandene den Frauen am Grabe erscheint. In der ganz frühen Morgendämmerung des ersten Ostersonntags machen sich die Frauen schmerzerfüllt auf, gehen hinaus vor die Tore der Stadt Jerusalem. Sie suchen die Stätte des Grauens auf. Sie stehen vor dem Grab. Tiefster Schmerz bewegt sie. Dann wird ihr Seelenblick nach oben gewandt, sie schauen den Engel und hören als erste Menschen der Welt die frohe Botschaft, das Osterevangelium: »Fürchtet euch nicht. Ich weiß, daß ihr Jesus, den Gekreuzigten, sucht. Er ist nicht hier, er ist auferstanden.« – Als sie sich danach vom Grabe wenden und zurückkehren in die Stadt, tritt das erste Erleben mit dem Auferstandenen ein: Er begegnet ihnen, er grüßt sie: »chaírete«, freuet euch, seid gegrüßt. Indem sie zu ihm herantreten – das Evangelium sagt »seine Füße umfaßten und vor ihm niederfielen« –, spricht er zu ihnen: »Fürchtet euch nicht, gehet hin und verkündigt es meinen Brüdern, daß sie nach Galiläa gehen, dort werden sie mich schauen« (Matth. 28, 1 ff.).

Versuchen Sie, eine solche Beschreibung nach innen zu nehmen und ein wenig herauszuhören, welch ein neuer Klang in der Menschheit mit diesem Ostergruß »chaírete« beginnt und daß zum ersten Male der Auferstandene den Menschen »Bruder« nennt: »Gehet hin und verkündet es meinen Brüdern.« Dieser wunderbare neue Klang, nun nicht mehr nur den als Bruder zu bezeichnen, mit dem man gemeinsamen Blutes ist, der zu derselben Familie, demselben Stamm oder Volk, zu derselben Rasse gehört! Es ist die Geburtsstunde der Bruderschaft der Christenmenschen, der Anfang und die Grundlegung neuer Brüderlichkeit, in der die Jünger und alle Menschen, die mit ihm verbunden waren und verbunden bleiben, als Brüder bezeichnet werden.

Das zweite Erlebnis, sein Erscheinen bei dem Gange nach Emmaus, wollen wir dann ausführlicher anschauen.

Ein drittes Mal, am Abend des Ostersonntags erscheint er den versammelten Jüngern. Thomas ist nicht unter ihnen. Bei verschlossenen Türen halten sie sich aus Furcht vor Übergriffen im Innenraum auf, diesem Raum, der zugleich

Bild ist für die Hinwendung der Seele zu ihrem Eigentlichen. In der Wesensmitte tritt er auf und spricht wieder mit einem neuen österlichen Klang einen Gruß, der uns aus der Menschenweihehandlung – dem Gottesdienst der Christengemeinschaft – wohlvertraut ist: »Der Friede sei mit euch.« Der Auferstandene spricht den Friedensgruß, oder anders gesagt, er ergießt sich substantiell als Friede in unbefriedete Seelen. Er zeigt seine Hände, er zeigt seine Seite, und bei den Jüngern bricht Freude aus, sie erfahren die Sendung, erfahren sie so, daß sie angehaucht werden mit dem Hauch des Heiligen Geistes, um als Sündenheiler hinauszugehen in die Welt (Joh. 20, 19 ff.).

Zu einem vierten Erleben des Auferstandenen kommt es, als nach acht Tagen der Auferstandene den Jüngern in Gegenwart des Thomas erscheint. (Wir nennen diesen Tag, die Oktave von Ostern, heute den Weißen Sonntag, weil die an diesem Sonntag Getauften mit weißen Gewändern angetan wurden.) Das Evangelium sagt: Die Jünger waren wieder »eso«, im Inneren. Hören Sie das wiederum mit doppeltem Sinn: Sie sind im Innenraum bei verschlossenen Türen versammelt, und sie tauchen ein in ihre Wesenstiefen, sind ganz im »Esoterischen« darinnen, Christus nachdenkend, nachsinnend, zu ihm betend – da tritt er in ihre Erfahrungs-Mitte und grüßt erneut mit dem Gruß des Friedens. Nun kommt der grandiose Augenblick, in dem er sich zu Thomas wendet und diesem sagt: »Reiche deinen Finger her und siehe meine Hände, und reiche deine Hand und lege sie in meine Seite, und sei nicht ungläubig, sondern gläubig!«

Thomas war zunächst nicht so stark im Glauben wie die anderen. Er war abwesend, er hat den Zweifel erlebt und erlitten, ist eigentlich unter den Jüngern derjenige, der begreifen und erkennen will. Er lebt in einer Haltung der Seele, die wir in unserer Zeit unmittelbar nachfühlen können. Der Weg zum wahrhaften Glauben geht durch Zweifel, durch das Erkennen zum Bekennen. Thomas wird vom Auferstandenen gewürdigt, ihn wirklich zu »begreifen«. Die Erscheinungsweise des Auferstandenen diesem Jünger gegenüber belehrt uns, daß sich die Tatsache der Auferstehung und auch der Auferstandene selber begreifen lassen, wenn sich ein Mensch über die Stufen des Zweifelns, der Erkenntnissuche, des Erkennens wirklich bis zum Herantasten, zum Berühren und Begreifen des Auferstandenen heranbildet und ihm dabei die Gnade entgegenkommt. Als Folge dieses höheren Erkennens, als christliches Bekenntnis spricht Thomas: »Du bist mein Herr und mein Gott.« Sein Glauben, sein Fragen, sein Suchen und Zweifeln münden in dieses Bekenntnis, das die Frucht seiner Anschauung ist. Der Erkennende wird zum Bekennenden (Joh. 20, 24 ff.).

Dann erscheint der Auferstandene den elf Jüngern beim Mahl. Der Innenraum wie auch das Mahl in Gemeinschaft gehören zu den Verhaltensweisen, bei denen der Auferstandene sich zeigen kann. Sie sitzen am Tische, und der Auferstandene spricht in die hörenden Seelen hinein ein eigenartiges Wort, bei Luther etwas drastisch übersetzt: »O ihr Toren und Hartherzigen.« Schauen wir uns die Worte im Griechischen an: Es wird zunächst gesagt, daß sie Menschen der apistia, der Glaubenslosigkeit und Ungläubigkeit, sind und über eine sclerocardia verfügen, eine Sklerose des Herzens. Dies ist aus der Sicht des Auferstandenen eigentlich eine Diagnose der Menschen, die in der Gegenwart volle Gültigkeit hat: Die Ungläubigkeit und Sklerotisierung der Herzen. Denn Sie können alle Lebensprobleme unter den Menschen heute von der Beziehung der Eltern zu den Kindern bis zu den Eheproblemen hin befragen und abhorchen, Sie werden immer darauf stoßen, daß die Sklerotisierung der Herzen ein wesentlicher Grund für die Schwierigkeiten ist. Die Herzen sind nicht genügend offen, nicht genügend bildsam, nicht genügend plastisch, nicht genügend weich, empfindsam und aufnahmefähig. Doch vor allem auf die Herzenskräfte kommt es an! Am Anfang der Menschenweihehandlung, dem Altarsakrament der Christengemeinschaft, welches der Heilung dient, steht das Herz des Menschen; das Herz als das entscheidende Organ des natürlichen Lebens und das Herz als das Organ, welches im Rhythmus des vollzogenen Sakramentes die Lebenskräfte Christi empfängt und sich damit zu dem Organ wirklicher Liebe heranbildet. Die Ungläubigkeit wie die Verhärtung des Herzens sind der Grund dafür, daß die Menschen dem Zeugnis der Auferstehung nicht Glauben schenken. Man muß genau hinschauen, um zu sehen, daß gerade diese Erscheinung des Auferstandenen (die Markus im 16. Kapitel berichtet) in die Aussendung der Jünger in alle Welt einmündet. Sie ist verbunden mit dem Auftrag, das Evangelium »aller Kreatur« zu bringen: ein grandioses Motiv, daß die Botschaft des Geistes nicht nur Menschen zugedacht ist, sondern auch den Tieren, den Pflanzen und den Steinen. Die ganze Schöpfungswelt harrt auf das erlösende Wort, das vom Erlöser durch den Mund des Menschen die Schöpfung erreicht. Wieder ist es Paulus, der Begründer christlicher Gottesweisheit – Theosophie –, der diesen Zusammenhang in seinem Brief an die Römer im 8. Kapitel im Vers 19 berührt:

> »Denn das ängstliche Harren der Kreatur wartet, daß die Söhne (Kinder) Gottes offenbar werden!«

Die Angst der wartenden und hoffenden Kreatur ist uns Heutigen nicht nur durch den Blick in ein Tierauge schmerzlich vertraut. Ganze Tierarten sind vom Aussterben bedroht und fallen dem raubenden Menschen zum Opfer. Der Mensch hat seine Mission der Tierwelt gegenüber noch nicht erkannt.

Haben die Gläubigen, die das neue Sakrament mit vollziehen, schon die kreatürliche und kosmische Dimension des Kultus im Bewußtsein? Wird nicht der Mensch in seinem

Gottesmenschentum, seiner Gotteskindschaft und Gottessohnschaft – seiner Weihe – erst offenbar, wenn durch die Menschenweihehandlung das Tier im Menschen, das Leben im Menschen, der Stoff im Menschen teilhaben am Erlösungswerk Christi? Eine neue Verantwortung für die Natur wird erwachsen.

Das Markusevangelium endet mit einem Wort, das ganz einfach lautet und eigentlich immer überlesen wird; der letzte Satz des Evangeliums ist: »Und der Herr wirkte mit ihnen und bekräftigte das Wort durch begleitende Zeichen.« Daß der Herr mit den Menschen wirkt, in den Menschen wirkt und durch die Menschen wirkt und daß sich diese Mitwirkung äußert in der Fähigkeit und Kraft der Liebe, geht über in die Bekräftigung des Wortes durch begleitende Zeichen. Das würde in unserer Sprache heißen: Wo Sakramentalismus ausgeübt wird und wir Zeichentaten vollbringen, die so geartet sind, daß sein Wort bekräftigt wird, da ist er und wirkt er mit den Menschen mit.

Ein sechstes Mal erscheint er den elf Jüngern auf dem Berge in Galiläa. Das ist das grandiose Schlußmotiv des Matthäusevangeliums. Sie kennen die letzten Sätze: »Mir ist gegeben alle Gewalt in den Himmeln wie auf Erden. Darum gehet hin und machet zu Jüngern alle Völker, taufet sie im Namen des Vaters, des Sohnes und des Heiligen Geistes und lehret sie zu halten, was ich als Willensziele in sie gelegt habe. Und siehe, ich bin bei euch alle Tage bis an das Vollendungsziel des Erden-Äons« (Matth. 28, 18 ff.).

Wenn Augstein in seinem Buch sagt, daß wir über die Auferstehung fast nichts wissen, dann stimmt das nicht, oder wir müßten die Evangelien als Quellen streichen. Wenn man jedes Wort der Evangelien auf die Goldwaage legt, ist unendlich viel über die Auferstehung und über die Wirksamkeit des Auferstandenen mit einer heiligen Sparsamkeit gesagt. Wie aus einem Samenkorn eine große Pflanze hervorgeht, so schenkt sich aus dem Wort die Fülle des Lebens, wenn es sich in Ruhe, Aufmerksamkeit und meditativer Konzentration der Seele im Menschen entfalten darf. Auch das Matthäusevangelium erreicht sein Ende mit der Beschreibung der Tatsache, daß Christus alle Tage gegenwärtig ist, von dem Tage der Auferstehung an, bis der Erden-Äon sein Vollendungsziel erreicht hat. Es gibt keinen Tag, an dem nicht der Auferstandene gegenwärtig ist – wie, das wollen wir dann noch ein wenig weiter untersuchen.

Das siebente Erlebnis des Auferstandenen ist zusammengefaßt in dem Bilde von dem wunderbaren Fischzug (Joh. 21, 1 ff.): Sieben Jünger haben sich aufgemacht und sind mit ihren Booten bei Nacht hinausgefahren auf den See Genezareth. Sie fangen nichts. Als sie in der Morgendämmerung zurückkehren an das Ufer, da schauen sie dort, wo Erde und Wasser einander berühren, die Gestalt des Auferstandenen. Er leitet sie an, noch einmal hinauszufahren und das Netz auf der Rechten auszuwerfen und zu fischen. »Kommt und haltet das Mahl« ist sein Wort zu ihnen. Es mag ein äußeres Ereignis sein, es mag aber auch ein Bild dafür sein, daß wir mit unseren Seelen eigentlich jede Nacht eine solche Seefahrt hinaus auf das Meer des Geistes unternehmen. Auch wir fischen dann und bringen im allgemeinen am Morgen die leeren Netze zurück. Aber dort, wo Irdisches und Geistiges einander berühren, vermag der Mensch dem Auferstandenen zu begegnen, und dieser leitet den Menschen an, geisteskräftig den Willen einzusetzen, zur »Rechten« zu fischen, daß man eines Tages den Fisch – so wie Paul Klee ihn gemalt hat, den goldenen Fisch – mit an das Land seines Bewußtseins herüberbringt. Der wunderbare Fischzug als ein Bild dafür, wie der Auferstandene den Menschen erschienen ist und an der Grenze von Nacht und Tageswelt erscheinen kann.

Nun lassen Sie uns zu dem zweiten Erlebnis zurückkehren und damit unser Thema in engerem Sinn anschauen. Es gibt im Lukasevangelium, gleichsam als Übergang von dem Evangelium zu der Apostelgeschichte das 24. Kapitel, mit dem das Evangelium abschließt. Es ist dreigegliedert und schildert in seinem ersten Drittel die Frauen am Grabe und die Tatsache der Auferstehung; in der Mitte den Gang der beiden Jünger nach Emmaus; im dritten Teil dann weitere Erscheinungen des Auferstandenen, und es endet mit der Himmelfahrt des Herrn. Ich darf jetzt das Evangelium lesen:

»Und siehe, zwei von ihnen gingen an demselben Tage in einen Ort, der lag von Jerusalem bei zwei Stunden Weges; der Name heißt Emmaus. Und sie redeten miteinander von allen diesen Geschichten. Und es geschah, da sie so redeten und sich miteinander besprachen, da nahte sich Jesus selbst und ging mit ihnen. Aber ihre Augen wurden gehalten, so daß sie ihn nicht erkannten. Er sprach aber zu ihnen: Was sind das für Reden, die ihr zwischen euch handelt unterwegs? Da blieben sie traurig stehen. Und der eine, mit Namen Kleophas, antwortete und sprach zu ihm: Bist du allein unter den Fremdlingen zu Jerusalem, der nicht wisse, was in diesen Tagen darinnen geschehen ist? Und er sprach zu ihnen: Was denn? Sie aber sprachen zu ihm: Das von Jesus von Nazareth, welcher ein Prophet war, mächtig von Taten und Worten vor Gott und allem Volk; wie ihn unsere Hohenpriester und Obersten überantwortet haben zur Verdammnis des Todes und gekreuzigt. Wir aber hofften, er sei es, der Israel erlösen würde. Und über das alles ist heute der dritte Tag, daß solches geschehen ist. Auch haben uns erschreckt etliche Frauen aus unserer Mitte; die sind frühe bei dem Grab gewesen, haben seinen Leib nicht gefunden, kommen und sagen, sie haben eine Erscheinung von Engeln gesehen, welche sagen, er lebe. Und etliche gingen unter uns hin zum Grabe und fanden es so, wie die Frauen sagten; aber ihn sahen sie nicht.

Und er sprach zu ihnen: O ihr Toren und trägen Herzens, zu glauben alle dem, was die Propheten geredet haben! Mußte nicht Christus solches leiden und zu seiner Offenbarungsherrlichkeit eingehen? Und er fing an bei Mose und bei allen Propheten und legte ihnen in der ganzen Schrift aus, was darin von ihm gesagt war. Und sie kamen nahe zu dem Ort, da sie hingingen. Und er stellte sich, als wollte er weitergehen. Und sie nötigten ihn und sprachen: Herr, bleibe bei uns; denn es will Abend werden, und der Tag hat sich geneigt. Und er ging hinein, bei ihnen zu bleiben. Und es geschah, da er mit ihnen zu Tische saß, nahm er das Brot, dankte, brach es und gab es ihnen. Da wurden ihre Augen geöffnet, und sie erkannten ihn. Und er verschwand vor ihnen. Und sie sprachen untereinander: Brannte nicht unser Herz in uns, da er mit uns redete auf dem Wege, als er uns die Schrift öffnete? Und sie standen auf zu derselben Stunde, kehrten wieder nach Jerusalem und fanden die Elf versammelt und die bei ihnen waren, welche sprachen: Der Herr ist wahrhaftig auferstanden und Simon erschienen. Und sie erzählten ihnen, was auf dem Wege geschehen war und wie er von ihnen erkannt wäre, als er das Brot brach« (Luk. 24, 13-35).

Wir wollen jetzt noch einmal den Weg der Jünger nach Emmaus begleiten, so daß wir dem Gang des Evangeliums Schritt für Schritt folgen und versuchen, behutsam das auszuloten, was Lukas von den Jüngern und von dem Auferstandenen sagt.

Es ist am Anfang des Kapitels die Beschreibung der Auferstehung vorausgegangen, es ist geschildert, wie die Frauen in der ersten Morgenfrühe des anbrechenden Tages hinauswandern vor die Tore der Stadt zu dem Grabe, das Joseph von Arimathia zur Grablegung gestiftet hatte. Das Bild des Sterbenden am Kreuz, die schwarze Stunde des Todes, die

Schrecken und Schauder, die auf das Beben und die Erschütterung der Natur die Seelen verdunkeln, der tiefste Schmerz über den unwiederbringlichen Verlust des Geliebten hält sie umfangen. Doch im Dienen geübt, haben sie nicht versäumt, wohlriechende Substanzen und Balsam zu besorgen, um an der Stätte des Grabes dem entseelten Leib den letzten Dienst zu erweisen. Die Zentnerlast des runden Steines, der den Zugang zur Kammer des Grabes verschlossen hält, ist Bild der unendlichen Schwere, die auf ihnen lastet, die noch jede Offenheit verschließt, die Auferstehung wahrzunehmen.
Doch wie der Schmerz die Seelen der Menschen aufbereitet zur tieferen Lebenseinsicht und öffnet zum Wahrnehmen des Geistes, so finden sie den Stein zur Seite gewälzt, eine offene Tür! Sie schauen den Engel, und sie hören seine Frage: »Was sucht ihr den Lebendigen bei den Toten?« Damit klingt ein Grundmotiv an, das bei einem Gang zum Grabe eines jeden verstorbenen Menschen gilt. Der Anruf des Boten der geistigen Welt möchte den Menschen anleiten, die Gedanken und Gefühle nicht nur nach unten in die dunkle Tiefe des Grabes zu richten, sondern nach oben zu wenden zu dem Ort, an dem verstorbene Seelen weilen. Im umfassenden Sinne gilt dies Jesus gegenüber: »Was sucht ihr den Lebendigen bei den Toten?« Was sucht ihr die Stätte des Grabes auf in der Meinung, ihn dort zu finden, wo er doch auferstanden ist, seine gewaltige Prozession, sein Voranschreiten, begonnen hat und er sich in Galiläa, der Lebenslandschaft des Geistes, und nicht mehr in Judäa, der Wüstenlandschaft des Todes, sehen läßt. Es wird gesagt, daß die Botschaft, welche die Frauen dann den anderen berichten, zwei Wirkungen hat, wie auch heute immer noch, wenn sie verkündet wird: Die einen sagen, es ist ein Märchen, und das heißt dann, es ist nicht wahr; und die anderen glauben es nicht. Die Osterbotschaft als Märchen, die Osterbotschaft, die auf den Unglauben der Menschen stößt.

Danach setzt das Evangelium vom Gang der Jünger nach Emmaus ein mit einem kleinen, bemerkenswerten Worte, das im Deutschen »Und siehe« heißt, im Griechischen »kai idou«. Betrachten wir das nicht als eine Floskel, sondern beachten wir, daß es überall dort steht, wo das Evangelium eine übersinnliche Tatsache zu beschreiben beginnt, die dem Menschen hilft, ihn anspricht und auffordert: »Und siehe« – kai idou –, bringe jetzt dein Wahrnehmungsvermögen, dein Ideenvermögen über das bisherige Maß in Gang! Du mußt, wenn du das folgende aufnehmen willst, mehr verstehen und beachten, als deine normale Bewußtseinsebene hervorbringt. Schaue das Bild. (Und das Bild ist mehr als Begriff. So geht auch die heutige Philosophie, etwa bei Martin Heidegger, wieder zum Bild – zum Beispiel der Dichtung Hölderlins – über.)

»Und siehe«, so beginnt das Evangelium und ruft uns zur intimeren, gesteigerten, höheren Aufnahmebereitschaft auf. »Zwei von ihnen gingen an demselben Tage (dem Tag der Auferstehung) in einen Ort, der lag von Jerusalem bei zwei Stunden Weges; des Name heißt Emmaus.« »Zwei von ihnen« – zwei der Jünger sind es, zwar nicht aus dem Apostelkreis, aber durchaus nahestehende, die Jünger in Gemeinsamkeit, zwei und zwei, wie es der Aussendung entspricht. Befragen wir ein wenig das uns Vertraute, Selbstverständliche: Wir gebrauchen das Wort »Jünger«, das Martin Luther verwandt hat bei seiner Übersetzung, indem er auf eine wichtige seelische Eigenschaft schaut, nämlich darauf, daß der Mensch, der mit einem lebendigen Christentum lebt, eigentlich jünger wird. Er mag dem natürlichen Leben nach älter sein, aber über eine sich verjüngende Seele verfügen, die an der Jugendkraft der Welt teilhat. Das griechische Neue Testament setzt das Wort »mathetes«, der, der mathesis sucht, der mathesis treibt – das gleiche Wort, das wir heute in Mathematik haben –, und das heißt wörtlich »der

Schüler«, der Lernende, der, welcher Erkenntnis sucht, der Erkenntnis übt, Erkenntnis treibt und die Bereitschaft zum Lernen bei einem Lehrer und Meister hat. Wir erinnern uns an den Jünger Thomas und seinen Weg von der Erkenntnis bis zum Bekenntnis. Ein Jünger ist ein Mensch, der ein Leben lang sich selbst als Schüler versteht, immer hinzulernen will, der seinen Lernwillen und seine Erkenntnissehnsucht auch auf die Tatsachen der übersinnlichen Welt ausdehnt, der mit seiner Erlebnissehnsucht das Reich der Himmel zu erfahren sucht und nach einem Meister Ausschau hält, welcher ihn auf diesem Felde belehrt.

Die Jünger waren die Schüler des Meisters Jesus. Sie gehen von dem Orte Jerusalem, wo die Botschaft des Geistes nicht geglaubt oder als unwahres Märchen erlebt wird, auf einem Wege zu einem anderen Ziel, nach Emmaus. Sie wandern in Gemeinschaft, sie wandern zwei und zwei, und das, was dann beschrieben wird, trifft auf dem Wege ein, solange sie fragend und suchend unterwegs sind. Es wird gesagt: »... und sie redeten miteinander von allen diesen Geschichten«. »Homileo« heißt im Griechischen »zusammentreffen, reden, Gemeinschaft haben, zusammensein«. Wenn diese beiden Jünger unterwegs sind und von dem reden, was geschehen ist, – wie reden sie, wie reden Menschen überhaupt miteinander? Beobachten Sie es einmal an sich selbst, beobachten Sie es an Mitmenschen. Ich schließe jetzt die Anwesenden aus und beschreibe, wie es alle anderen machen, nämlich so, daß beide gleichzeitig reden, der eine laut, der andere leise. Während der andere laut etwas sagt, redet man bereits innerlich dagegen. Es sprechen eigentlich immer beide, und jeder verteidigt und erläutert seinen Standpunkt, auf dem er steht, aber keiner von beiden bewegt sich, ist unterwegs. Keiner spricht mit dem anderen so, daß während der andere etwas sagt, er selbst nicht nur nach außen verstummt, sondern innen übergeht in eine Gebärde des Hörens, so daß er das Wort seines Mitmenschen ganz in sich aufnimmt. Und doch ist es notwendig, sich ganz hineinzuversetzen in den anderen und dann sich selbst zu fragen: Warum sagt er das? wie kann er das sagen? was ist das Berechtigte in dem, was und wie er es sagt? wie kann ich es aufnehmen und nachfühlen, auch dann, wenn es dem diametral entgegensteht, was ich selber bisher gedacht habe? Wenn Lukas das Wort »homilein« gebraucht: sie redeten miteinander in dem Sinne, daß sie zusammentreffen und Gemeinschaft haben, dann ist auf ein Sprechen hingewiesen, das einen Zusammenklang der Empfindungen eintreten läßt, sie treffen sich seelisch und geistig an einem Orte, ihr Reden erschließt ihnen Gemeinschaft. Es ist das Wort im Wort, das Gemeinschaft unter den Menschen stiftet.

Im nächsten Satz heißt es noch genauer: »Und es geschah, da sie so redeten und sich miteinander besprachen, da nahte sich Jesus selbst und ging mit ihnen.« Im Griechischen: »und es geschah, während sie im Reden Gemeinsamkeit fanden«, dazu das Verbum »suezetein«: zusammen untersuchen, aufsuchen, aufspüren und streben, ein Wort, das das Miteinanderreden und Miteinandersprechen noch vertieft, verdichtet in ein gemeinsames Ringen und Suchen, in gemeinsames Abtasten und Aufspüren. In diesem Prozeß des Sprechens, während die beiden wandern, bis sie sich in dem, was geschehen ist, dem Mysterium von Golgatha, geistig vereinen können und immer weiter tasten und weiter erspüren, was es war, was geschehen ist, naht Jesus. Da gesellt sich der Dritte dazu, und ER wandert mit ihnen: »Da naht sich Jesus selbst und ging mit ihnen.« Es tritt Seine Nähe ein, der geistige Raum verdichtet sich. Die beiden Sprechenden erspüren eine höhere Gegenwart. Noch erschließt es sich ihnen nicht, wer er ist, der mit ihnen geht, denn es wird sehr deutlich gesagt: »Aber ihre Augen wurden gehalten, so daß sie ihn nicht erkannten.« In der menschlichen Seele gibt es Augen, die können entweder aufblicken, wie es am Anfang hieß »Und siehe«, schaue auf mit deinem seelischen Auge, ob du das, was jetzt an Übersinnlichem beschrieben wird, wahrnehmen kannst, oder sie können auch wie gehalten und gehindert sein. Die Augen der beiden Wandernden wenden sich gleichsam nach unten, sie sind auf das Irdische gerichtet; die Erkenntniskraft und Wahrnehmungsfähigkeit des Menschen kann nicht das fassen und aufnehmen, was sich jetzt als übersinnliche Gegenwart des Auferstandenen unter den miteinander Sprechenden ereignet. Obwohl die Jünger zunächst in ihrem Blick gehalten sind, haben sie doch so viel Bereitschaft zur Gemeinsamkeit im Worte miteinander, daß sich Christus in ihr Sprechen hineinbegibt: »Er sprach aber zu ihnen: Was sind das für Reden, die ihr zwischen euch handelt unterwegs?« Wieder ist es sehr eigenartig, daß im griechischen Neuen Testament jedesmal beim Sprechen der Menschen ein neues Wort gebraucht wird. Aus der Sicht des Weltenwortes, aus der Sicht des Logos, aus der Sicht des Auferstandenen ist selbst das Miteinandersprechen und das Miteinandersuchen, aufspüren, immer noch ein Vorgang, für den das Wort »antiballein« zutrifft. Sie hören darin unser heutiges Wort »Ball«: das Werfen, das Hin- und Herwerfen der Wörter, die so wie ein Ball von Hand zu Hand sich hin und her bewegen. So handhaben die Menschen die Wörter und werfen sie sich einander zu, manchmal etwas spielerisch, manches lassen sie auch zwischendurch fallen, aber dieser Umgang mit dem Wort ist noch nicht ein solcher, der aus der Sicht des Weltenwortes das sich ereignende Wort den Menschen miteinander zu offenbaren vermag. Wenn vor dem Altar in das Wort »JA«, das zwei Menschen beim Sakrament der Ehe zueinander sprechen, die Kraft einer lebenslangen Liebe und Treue einfließt, in diesem kleinen Wort die Gemeinsamkeit einer dauernden Weg- und Lebensgemeinschaft veranlagt ist, verspüren wir etwas vom Gewicht eines solchen sich ereignenden Wortes.

Was sind das für Reden, die ihr zwischen euch hin und her werft, zwischen euch bewegt? »Da blieben sie traurig stehen.« Das Evangelium ist weder sentimental, noch schildert es die Ereignisse subjektiv. Es ist nicht primär gemeint, daß die beiden »traurig« waren; das Wort, das da steht, ist ein sehr eigenartiges und heißt »skythropos«, das ist »finster blickend, betrübten Blickes«. Es beschreibt, wie in dem Augenblick, in dem der Auferstandene sich naht und fragend sich in das Sprechen der Jünger hineinbegibt – die ihrerseits jetzt Hörende und Aufnehmende werden und nicht mehr Sprechende sind –, der Blick durch eine Trübung so verhindert ist, daß er das Licht nicht faßt. Sie waren finsteren Blickes. Sie sind »betrübt«, nicht traurig nur in dem üblichen seelischen Sinne, sondern sie sind nicht in der Lage, das Licht des Auferstandenen, seine Anwesenheit, seine Gegenwart wahrnehmend aufzunehmen, sie sind unerleuchtet. Und das äußere Bild dafür ist, daß sie auch nicht mehr gehen, sondern stehen. Der unerleuchtete, seinen Standpunkt einhaltende Mensch.

»Und der eine, mit Namen Kleophas, antwortete und sprach zu ihm« – und nun wird die Frage an den stillen mitwandernden Dritten gerichtet: »Bist du allein unter den Fremdlingen zu Jerusalem, der nicht wisse, was in diesen Tagen darinnen geschehen ist?« Und als der Auferstandene fragt: »Was denn?«, folgen die Schilderungen, die etwa dem entsprechen, was Kleophas, was ein damaliger Zeitgenosse, auch dann, wenn er Jünger war, in seinem Bewußtsein hat. Sie werden gleich bemerken, daß das eben noch nicht voll christlich, noch kein erleuchtetes Bewußtsein ist. Denn sie sprechen zu ihm: »Das von Jesus von Nazareth, welcher ein Prophet war, mächtig von Taten und Worten vor Gott und allem Volk.« Daß Jesus ein Prophet war, das glaubt jeder

Jude, das steht auch seit dem 7. Jahrhundert im Koran, das glaubt also auch jeder Moslem. Daß Jesus von Nazareth ein Prophet war, ist gemeinsames Glaubensgut der Juden, der Mohammedaner wie der Christen, sagt aber noch gar nichts über das spezifisch Christliche aus. »Wie ihn unsere Hohenpriester und Obersten überantwortet haben zur Verdammnis des Todes und gekreuzigt.« Hier wird von Kleophas schon etwas ausgesprochen, das grundlegend für das Christentum ist: Dieser Mensch ist gekreuzigt worden. In der Entwicklung des Christentums ist von dem Kruzifixus durch die Jahrhunderte des Aufblickens zu ihm unendlich viel Seelenbildendes ausgegangen: Tröstendes, Tragendes, Segnendes. Darüber hinaus aber zeigt sich in dem Kreuz eine Weltenrune, die Mitte von Oben und Unten, die Mitte der weltumspannenden Seiten; Zeichen des Zusammenlaufens aller Weltrichtungen, Ausgangspunkt der Strahlen, die in alle Richtungen weisen; Zeichen der Kreuzung und Zusammenfassung der Kraftlinien aus allen Richtungen, helfendes Zeichen einer höheren Bewußtwerdung auf der Schädelstätte menschlichen Denkens. Das Kreuz erweist sich im vertieften religiösen Leben als Zeichen des Heiles. So ist es über den Altären der Christengemeinschaft beim Vollzug des Gottesdienstes für den Gläubigen zu schauen, und so wird es mit eigener Hand bei der Bekreuzigung auf Stirn, Mund und Herz gezogen.

(Sie werden heute bis in die Illustrierten hinein, in denen sich der moderne Islam verbreitet, finden, daß man etwa im Aufgreifen fotografischer Methoden und Untersuchungen am Grabtuch oder auf andere Weise immer von dem Propheten Jesus von Nazareth die Tatsache seines Todes am Kreuz eliminieren will. »Er ist nicht am Kreuz gestorben«, so sagt man, und so lehrt man. »Er ist nach Indien gewandert und irgendwann einmal gestorben.«)

Aber dies ist eine christliche Grundtatsache, daß er am

Kreuz gestorben ist – kein Scheinleib hing am Kreuze, wie die Doketisten meinten. Kleophas spricht von der Kreuzigung, weil mit ihr die Hoffnung, die sie als Juden hatten, daß Jesus es sei, der Israel erlösen würde, geschwunden ist. Denn auch die Jünger gehörten zum Teil zu jenen Menschen, die erwartet hatten, daß er als Kronprätendent die Herrschaft in seinem Reich auf Erden ergreifen würde, die Königsherrschaft auf dem Throne Davids. Die Tatsache des schandbaren römischen Kreuzestodes hat diese Hoffnung der Menschen zunichte gemacht, und es wird noch nicht eingesehen, nicht wahrgenommen, daß sein Reich nicht von dieser Welt, sondern ein Reich des Geistes ist, wie er es dem römischen Prokurator Pontius Pilatus gegenüber aussprach: »Mein Reich ist nicht von dieser Welt.«

»Und über das alles ist heute der dritte Tag, daß solches geschehen ist.« Sie wandern am Ostersonntag, aber ihr Erinnerungsvermögen und ihr Sprechen kehrt über die Stille und sabbatartige Grabesruhe des Karsamstages zum Karfreitag, zur Stunde des Kreuzes und zu alledem zurück, was vor der Kreuzigung geschehen ist. Sie umfassen in der Erinnerung die entscheidenden drei Tage. Der Gang der Jünger nach Emmaus ist das Sammeln und Verdichten der Erlebnisse in ein neues Ostersonntagsereignis hinein. »Auch haben uns erschreckt etliche Frauen aus unserer Mitte; die sind frühe bei dem Grabe gewesen, haben seinen Leib nicht gefunden, kommen und sagen, sie haben eine Erscheinung von Engeln gesehen, welche sagen, er lebe.« Die Frauen haben mit ihrer Botschaft die Hörenden erschreckt, und zwar so, daß etwas eingetreten ist, das wiederum präzise und deutlich im Neuen Testament ausgesprochen wird. Der Evangelist Lukas konnte als Arzt seelische und leibliche Zustände der Menschen genau beschreiben: exestesen, sie waren »außer sich«, wie in Ek-stase, als sie hörten, was die Frauen vom leeren Grabe und der Botschaft des Engels ihnen sagten, von einer »optasia«, einer Erscheinung, die sie durch ein höheres Wahrnehmungsvermögen wesenhaft geschaut hatten. Daß das Menschen sind, deren Wahrnehmung hineinreicht in das Übersinnliche, wo die Augen nicht mehr gehalten sind, sondern sich nach oben öffnen und eine optasia, eine übersinnliche Erscheinung finden, das bringt die Hörenden wie außer sich. Von den Frauen werden sie aus der Verschlossenheit und Befangenheit ihrer Trauer herausgelöst, aufgeschreckt und in dieser Weise auf die kommenden Ereignisse vorbereitet. Sie geraten in innerste Bewegung der Seele und des Herzens. Deswegen machen sich manche von ihnen auf, eilen zum Grabe und finden es so vor, wie die Frauen es ihnen beschrieben haben. Es ist leer.

Augstein sagt von den Theologen der Gegenwart: »Die einzige sichere Erkenntnis, über die alle verfügen, ist, daß das Grab leer war!« Darin trifft sich der heutige Theologe mit denen, die damals an das Grab eilten. »Aber ihn sahen sie nicht.« Es bleibt ihnen die drängende Frage: Was wird ohne ihn? Sie sind auf der Suche, sie tasten nach einer Antwort, aber aus sich selbst heraus haben sie nicht genügend Kraft, um den letzten Durchbruch in das geistige Schauen hinein zu erreichen. Sie sind, wie jeder Geistsucher, auf das gnadenhafte Entgegenkommen angewiesen. So spricht der Auferstandene dieses Wort zu den beiden Jüngern: »O ihr Toren und trägen Herzens.« Dies ist wieder etwas volkstümlich deutsch von Martin Luther formuliert. Das griechische Neue Testament ist genauer: »O ihr Anoétoi«, noéo heißt »erkennen, einsehen, verstehen«. O ihr, die ihr unverständig, uneinsichtig seid, deren Einsehen nicht bis dorthin reicht, wo er sichtbar in seiner Gegenwart ist. Und das ist nicht nur ein Bewußtseinsproblem, nicht nur ein Erkenntnisproblem, sondern es kommt noch ein zweites hinzu aus der Sicht und Fragestellung des Auferstandenen:

»Kai bradeis te kardia«, »die ihr geistig langsam und stumpf-[sinnig] in eurem Herzen seid«. Eine wunderbare Beschreibung der Schrift des Neuen Bundes ist hier gegeben, daß nämlich nicht nur das Bewußtsein uneinsichtig, unerleuchtet, sondern auch ein Herz geistig langsam, stumpfsinnig sein kann und dadurch kein Wahrnehmungsorgan, kein Organ des Fühlens für eine höhere Gegenwart bildet. Es bedarf einer ganz besonderen Ansprache der Jünger, um diese Organe des Schauens und Geisterfühlens in ihnen in die rechte Tätigkeit zu bringen. Das Wort des Christus muß erst seine gnadenhaft erweckende Kraft entfalten. Daher tritt jetzt zum ersten Male der Name des Auferstandenen, der Christusname selbst, auf. Der Auferstandene spricht von sich: »Mußte nicht Christus solches leiden und zu seiner Offenbarungsherrlichkeit eingehen? Und er fing an bei Mose und bei allen Propheten und legte ihnen in der ganzen Schrift aus, was darin von ihm gesagt war.« Der Auferstandene beginnt von sich so zu sprechen, daß er in das Bewußtsein der Jünger, die das Alte Testament, die Heilige Schrift des Judentums, nicht nur auswendig, sondern inwendig in sich tragen, hineinwebt den goldenen Faden der Heilsgeschichte. Er zeigt ihn von Moses an auf. Daß auch die Heilige Schrift des Alten Testaments im Grunde von Christus spricht, und zwar von dem Christus vor seiner Geburt, dem präexistenten Christus, wird deutlich. Der Auferstandene, der Tod, Erdenleben und Geburt hinter sich hat, unterweist die Jünger, die unterwegs sind, darin, daß das ganze Alte Testament keinen anderen Sinn, kein anderes Ziel hat, als von ihm selbst zu sprechen und sein Kommen vorzubereiten. *Der Auferstandene begründet selber die christologische Deutung des Alten Testamentes. Durch ihn wird der Heilsplan der Geschichte offenbar.* So erlebten die Menschen der vorchristlichen, der alttestamentarischen Zeit den Christus etwa im brennenden Dornbusch als den Gott des

Ich-Bin. In brennender Seele erlebten Menschen der nachchristlichen Zeit von der glühenden Mittagsstunde vor Damaskus an, die aus dem Juden einen Christen, aus dem Verfolger einen Bekenner hervorgehen ließ, bis in unsere Tage diesen Gott des Ich-Bin. Die innere Geschichte des Christentums, die Dynamik seiner Entwicklung in der Zeit lebt von diesen Erfahrungsstunden der Ewigkeit. Wir wissen nur von jenen Zeugen, die gesprochen oder geschrieben haben. Andere bewahrten und schützten dieses Erlebnis durch die bergende Stille. Aber allein ein gründlicher Blick in die Literatur des 20. Jahrhunderts von Solowjow in Rußland über Christian Morgenstern in Deutschland bis zu Léon Bloy in Frankreich kündet von diesen Damaskus- und Emmausstunden des inneren Lebens.

Es ist an dieser Stelle gut, sich bewußtzumachen, daß es zu den Grundtatsachen und Glaubenswahrheiten des Christentums gehört, von der Parusie des Herrn, seiner Wiederkunft zu sprechen. Das deutsche Wort »Wiederkunft« legt nur ein etwas irrtümliches Bild nahe. Wir stellen uns vor, daß Christus zur Zeitenwende gekommen ist, *da* war. Dann die Ereignisse des Kreuzestodes, der Auferstehung, der vierzig österlichen Tage, die Himmelfahrt. Und mit dem Entschwinden aus dem inneren Wahrnehmungsbereich der Jünger scheint er überhaupt fortzugehen, scheint dem Menschen und der Erde fern zu bleiben bis zur Wiederkunft, seinem zweiten Kommen. Doch ist auch hier das Griechische genau. »Parusia« heißt Dabeisein, Gegenwärtigsein, An-Wesenheit. Die Verheißung Christi, mit der das Evangelium endet, lautet, daß er alle Tage bis an das Ende des Erden-Äons bei den Menschen sei (Matth. 28, 20). Christus ist gegenwärtig! Seine »Parusie« haben Unzählige erlebt. Es ist mehr die Frage, ob der *Mensch* an jenem Erlebnisort wieder ankommt, an dem der gegenwärtige Christus geschaut werden kann, als daß dieser selber wiederkommen müßte. Zum tieferen Verständnis der Gegenwart gehört, die »Parusia« Christi einzubeziehen in die geistige Situation der Zeit. Wir meinen, daß in der aufbrechenden religiösen Sehnsucht der heutigen Jugend ein Gefühl für diese Christusnähe erwacht.

Schreiten wir fort mit unserer Wanderung nach Emmaus. Während Christus von sich selbst spricht und ihnen daran den inneren Sinn erschließt, ihr Organ öffnet für das, was sonst als toter Buchstabe in der Schrift steht, so daß ihnen Ziele und geistiger Gehalt der Schrift damit deutlich werden, »kamen sie nahe zu dem Orte, da sie hingingen«. Die Wanderschaft des suchenden, des fragenden Menschen, dem sich der lebendige Sinn der Heiligen Schrift so erschließt, daß Christus selbst der Schlüssel für diese sonst verborgene Schrift ist, erreicht die Nähe des Ortes Emmaus. Der Weg gelangt an sein Ziel. »Und er stellte sich, als wollte er weitergehen. Und sie nötigten ihn und sprachen: Herr, bleibe bei uns; denn es will Abend werden und der Tag hat sich geneiget.« Rudolf Frieling hat einmal in der Monatszeitschrift »Die Christengemeinschaft«* darauf hingewiesen, man dürfe hier von dem Auferstandenen nicht etwa denken, daß er sich in diesem Augenblick verstelle. Es sei vielmehr ein Bild dafür, daß bei dem seelischen Prozeß, den die zwei wandernden, fragenden und suchenden Menschenseelen durchmachen, in der Nähe und Dichte der Gegenwart des Auferstandenen – der selbst seinem Wesen nach immer weitergeht und unterwegs bleibt – für sie die Frage auftritt, wie sie ein Mehr dafür tun können, diese höhere Gegenwart als eine ihnen bleibende zu erleben. Sie »nötigten« ihn, sagt Luther; im Griechischen steht das Verbum: »parabiazomai«, eigentlich ein Wort, das heißt »Gewalt anwenden, mit dringenden Bitten anliegen«. Sie erinnern das rätselhafte Wort

* 1967/5

aus dem Neuen Testament: »Die, die Gewalt anwenden, reißen die Himmel an sich« (Matth. 11, 12). Modern übersetzt ließe sich sagen: Nur die, welche aus reinem Bewußtsein und offenem Herzen ihren Willen ergreifen, anstrengen und anspannen und seine gewaltige Kraft durchlichten, werden über einen Augenblick des Erspürens der Gegenwart Christi hinaus ein Bleiben, ein Ausdauern bewirken. Die Initiative, das Herz, die Willenskraft, das menschliche Tun müssen dem Wirken der göttlichen Gnade entgegenwandern. Sie tun einen Willensschritt: Während Er weiterwandelt, nötigen sie ihn, bitten sie ihn, bitten mit den Tiefen ihres Willens: »Herr, bleibe bei uns ...« Es ist der Abend des Ostersonntags gekommen, die Stunde des Mahles naht, und sie haben die Sehnsucht nach seinem »menein«, seinem Bleiben, nach der Verbundenheit mit ihm, die nicht nur augenblickhaft ist, sondern die andauert. Das Sehnen des Herzens, das sich dem Willen klärend verbunden hat, weiß nicht, aber es empfindet richtig, und deswegen verlangen sie nach Seinem Bleiben. Es ist das Sehnen nach dem bleibenden Augenblick der Erfüllung: »Und er ging hinein, bei ihnen zu bleiben.« Eine weitere Verdichtung ... Jetzt wird der intimste Weltinnenraum betreten.

Das Niedersetzen zu gemeinsamem Mahl ist immer ein menschlich intimer Akt. Ist es der Tisch des Herrn, an dem Menschen sich niederlassen, so ist es der intimste Innenraum menschlicher Erfahrung. Sie sind ganz »darinnen«. »Und es geschah, da er mit ihnen zu Tische saß, nahm er das Brot, dankte, brach es und gab es ihnen.« – Sie hören heraus aus dieser Beschreibung, aus dieser Folge, daß das, was wir als ganz Alltägliches kennen, wie Menschen sich an einen Tisch setzen, das Brot nehmen, das uns ernährt – und wir tun es im Rhythmus des Tageslaufes regelmäßig, weil die Kräfte unseres natürlichen Lebens schwinden würden, wenn wir es nicht so hielten –, und gemeinsam speisen, daß dieses ganz

Alltägliche das Bild des Allerhöchsten ist. »Unser alltägliches Brot gib uns heute«, so lautet die Bitte im Vaterunser, denn letztlich kann der Mensch im Brot nur vom göttlichen Wesen gespeist werden. Es ist das Bild des Allerhöchsten, weil die Wandlung der Substanzen draußen in der Natur zu Brot und Wein, die Wandlung der Stoffe und Lebenskräfte der Nahrung im Menschen zu Leib und Blut des Menschen, die Transsubstantiation auf dem Altar zu Leib und Blut Christi das Geheimnis des Werdens und der Wandlung durch alle Ebenen des Seins ist. Christus nimmt das Brot auf dem bereiteten Tische, er richtet das Dankgebet an den, von dem alles Wachsen, Reifen und Fruchten stammt, bricht dann das Brot und beginnt, es auszuteilen unter die beiden. Sie nehmen und essen. Der Augenblick der Vereinigung mit dem Brot, mit dem er sich selbst gebend verbunden hat, ist erreicht. Die Stimmung der heiligen Kommunion waltet. »Da wurden ihre Augen geöffnet, und sie erkannten ihn.«
Sie erinnern, am Anfang dieser Perikope hieß es: »Und siehe«, merke auf, erhebe dein Wahrnehmungsvermögen. Später aber wurde von den Jüngern gesagt, »sie waren finsteren, betrübten Blickes« – sie waren »skythropoi« und von Dunkel umfangen. Durch den ganzen Prozeß des Weiterwanderns, Weitersuchens, Weiterspürens hin bis zu der Nähe des Ortes, an dem der Tisch des Herrn steht und das Brot gebrochen wird, öffnen sich allmählich die Augen, das Schauen erwacht langsam, verdeutlicht sich mehr und mehr, und schließlich erkennen sie den, der bisher unerkannt, aber gegenwärtig mit ihnen als Erdenmenschen gewandert ist. Der unsichtbare Weggefährte wird ihnen bewußt. »Da wurden ihre Augen geöffnet, und sie erkannten ihn.«
Beim Sündenfall wurden dem Menschen die Augen aufgetan. Eine Revolution der Sinneswahrnehmung trat ein. Das Auge, das die Lichtwelt des Gottesgeistes paradiesisch geschaut hatte, erlosch. Das Auge, dessen Blick die Sinnes-

welt wachend erfaßt, wurde geöffnet. Wir nehmen heute in der Folge des Falles nur das Sinnliche wahr, die Außenseite der Natur. Schon das Leben einer Pflanze, die Seele eines Tieres, das Ich eines Menschen gehören für uns der unsichtbaren Welt an. Erst wenn sich das verdunkelte und verlorene Auge über dem Blick in die Sinneswelt neu öffnet, erweitern wir unser Blicken und Sehen zum Schauen.

Öffnet sich die Seele wieder der Geistwelt des Christus, dann ist das Ziel des österlichen Weges erreicht. Der Glaube verwandelt sich in Schauen: ». . . und sie erkannten ihn«. Und schon heißt es: »Und er verschwand vor ihnen.« Er wurde unsichtbar. Aus der Form des Schauens und Erspürens seiner Gegenwart in Verbindung mit dem kultischen Vollzug des Dankens und Brechens des Brotes zieht er sich wieder zurück in die Unsichtbarkeit. Aber wohin? Dieses Verschwinden mag ähnlich wie bei der Himmelfahrt so zu deuten sein, daß die Tiefendimension, die er nunmehr einnimmt, von den Wahrnehmenden nicht mehr erreicht wird. Er verbindet sich mit den Tiefen des Seins dieser Menschen, sie werden von ihm ergriffen, sie leben nun ihr Leben aus der Empfindung heraus, daß ihr Lebensweg immer begleitet ist von dem Christus.

Sie aber fragen sich in der Rückerinnerung: »Brannte nicht unser Herz in uns, da er mit uns redete auf dem Wege, als er uns die Schrift öffnete?« – Diejenigen von Ihnen, die den Kultus der Christengemeinschaft das ganze Jahr hindurch begleiten, wissen, daß in der Passions- und in der Osterzeit vom »brennenden Herzen« gesprochen wird. Im Betenden kann eine geistige Sehnsucht brennen, die aufleuchten kann als Flamme; so wie auch das brennende Feuer der Kerzen auf dem Altar anzeigt, daß das, was jetzt durch die Gebete herbeigerufen und bewirkt wird, im Zeichen des Brennens, im Zeichen der Flamme, im Schein des Lichtes und in den Strahlen der Wärme geschieht und geschehen soll. Das bren-

nende Herz der Jünger ist durchleuchtet und durchwärmt von der erspürten Gegenwart des Auferstandenen.
Im Inneren ganz ergriffen und gestärkt von diesem Erlebnis begeben sie sich wiederum auf den Weg; noch in derselben Stunde kehren sie nach Jerusalem zurück und suchen noch spät am Abend dieses ersten Ostersonntags der Welt die übrigen elf Jünger auf. Sie werden von dem Jüngerkreis, der im Coenaculum, dem Raum des heiligen Mahles, vereint ist, mit der österlichen Gewißheit empfangen: »Der Herr ist wahrhaftig auferstanden und Simon erschienen.« Ein freudiges Erschrecken mag sie bewegt haben. Das gleiche Erlebnis, das ihnen gnadenhaft auf dem Wege nach Emmaus zuteil wurde, hatte sich auch für andere in Jerusalem ereignet. Das Menschenverbindende der Wirksamkeit des Auferstandenen hebt an und wird zum tiefsten Seelenerlebnis. Menschheitliches im Zeichen des Auferstandenen beginnt. Während sich in der heiligen Stadt Jerusalem der Ostersonntag neigt, breitet sich die Kunde von der Auferstehung von Mensch zu Mensch aus. Sie ist getragen von der Erfahrung, die einzelnen Seelen zuteil wurde. In der Morgenfrühe war es noch Botschaft – Evangelium der Engel. Am Abend wird es zur inneren Gewißheit der Menschen:

»Der Herr ist wahrhaftig auferstanden.«

Im Griechischen heißt es: »ontos egerthe ho kyrios.« Sie haben ihn jetzt als »seiend« erfahren. Es ist kein Märchen, kein Unglauben, es bleibt auch nicht nur eine ihnen von den Frauen berichtete übersinnliche Wahrnehmung. Für sie selbst ist es jetzt eine höhere Erkenntnis, eine unmittelbare Wahrnehmung, eine eigene Erfahrung geworden: Er ist seiend gegenwärtig, der Auferstandene.
Das Evangelium endet damit, daß es heißt: »Und sie erzählten ihnen, was auf dem Wege geschehen war.« Ein wechselseitiges, freudiges, staunendes Erzählen und Berichten hebt an. Sie trieben »Exegese«, sie führten die anderen hin, sie

zeigten ihnen den Weg, denn das heißt Exegese. Sie stellten dar, sie legten aus, was auf dem Wege geschehen war und wie Er von ihnen erkannt worden war, als er das Brot brach. Diesem exegetischen Vorgang, diesem Vorgang, der dem Menschen den Weg zeigt, geht der Kultus mit dem Brechen des Brotes und der heiligen Kommunion voraus. Das Erkennen und Schauen schenkt sich, nachdem das Brot ausgeteilt worden ist.

So ist der Weg nach Emmaus der Weg zu Christus, Gemeinschaft mit ihm zu haben. Die Bestimmung des Menschen, der Menschheit steht uns vor Augen. – Die Dichter sind der geistigen Wirklichkeit näher als die Theologen. Rainer Maria Rilke (1875–1926) beendet 1922 – im Begründungsjahr der Christengemeinschaft und zur Zeit der Stiftung des neuen Kultus – die »Duineser Elegien« und die »Sonette an Orpheus«. Ein neuer Zugang zu den Engeln erschließt sich. Ein neues Bekenntnis zur Erde wird ausgesprochen. Auch der Gang der Jünger nach Emmaus ist in einem seiner Gedichte gestaltet:

»Noch nicht im Gehn, obwohl er seltsam sicher
zu ihnen trat, für ihren Gang bereit;
und ob er gleich die Schwelle feierlicher
hinüberschritt als sie die Männlichkeit;
noch nicht, da man sich um den Tisch verteilte,
beschämlich niederstellend das und dies,
und er, wie duldend, seine unbeeilte
Zuschauerschaft auf ihnen ruhen ließ;
selbst nicht, da man sich setzte, willens nun,
sich gastlich aneinander zu gewöhnen,
und er das Brot ergriff, mit seinen schönen
zögernden Händen, um jetzt das zu tun,
was jene, wie den Schrecken einer Menge,
durchstürzte mit unendlichem Bezug –

da endlich, sehender, wie er die Enge
der Mahlzeit gebend auseinanderschlug:
erkannten sie. Und, zitternd hochgerissen,
standen sie krumm und hatten bange lieb.
Dann, als sie sahen, wie er gebend blieb,
langten sie bebend nach den beiden Bissen.«

So spiegelt sich in Rilkes Gedicht der Gang der Jünger nach Emmaus. Es ist einer der sieben großen Berichte des Evangeliums über die Art und Weise, wie der Auferstandene damals den Menschen erschien und heute wieder erscheinen kann.

VORTRÄGE

Eine Schriftenreihe mit Vorträgen, die, im Rahmen der Christengemeinschaft gehalten, Themen von allgemeinem Interesse im Lichte spiritueller Welterfahrung behandeln.

2 **Das Christentum in der Krise**
Von *Johannes Hemleben*

3 **Der Lebenslauf und seine Gesetze**
Von *Diether Lauenstein*

4 **Energiekrisen und Wachstumsgrenzen im Zeichen des Materialismus**
Von *Friedrich Benesch*

5 **Der Mensch und sein Erdenschicksal**
Von *Johannes Hemleben*

6 **Das Rätsel der Kometen**
Von *Georg Blattmann*

7 **Geld – Gold – Gewissen**
Von *Gérard Klockenbring*

9 **Christus-Erfahrungen**
Von *Eberhard Kurras*

11 **Der Mensch im Spannungsfeld von Gut und Böse**
Von *Erwin Schühle*

13 **Die vier Denkmodelle des Abendlandes**
Von *Diether Lauenstein*

14 **Materie und Licht**
Von *Michael Debus*

15 **Vom Leben der Verstorbenen**
Von *Georg Blattmann*

16 **Wiedergeburt in der Lebensmitte**
Von *Johannes Lauten*

17 **Gibt es die Auferstehung?**
Von *Horst Lindenberg*

18 **Friedrich II.**
Von *Peter Müller*

19 **Ostern**
Von *Friedrich Benesch*

20 **Die Reform des Paragraphen 218**
Von *Michael Debus*

21 **Von der Sendung und Führung des Kindes**
Von *Christian Schädel*

22 **Strahlende Materie**
Von *Georg Blattmann*

23 **Vom Tod zur Wiederverkörperung**
Von *Michael Debus*

24 **Von der Wirksamkeit des Auferstandenen**
Von *Johannes Lenz*

VERLAG URACHHAUS STUTTGART